Luise Holthausen
Drei Freunde decken auf

LEVEL 1 2 3

Luise Holthausen

Drei Freunde decken auf

Mit Bildern von Anna Laura Jacobi

Hase und Igel®

Als Titel der Reihe LEVEL 1, 2, 3
liegt dieses Buch in drei Schwierigkeitsstufen vor.

Außerdem gibt es dazu für Lehrkräfte
ein ausführliches Begleitmaterial beim Hase und Igel Verlag.

Dieses Buch erschien erstmals 2011 in der Duden-Reihe „Lesedetektive".
Für die vorliegende Ausgabe wurde es überarbeitet und neu illustriert.

© 2020 Hase und Igel Verlag GmbH, Frei-Otto-Straße 18,
80797 München, service@hase-und-igel.de
www.hase-und-igel.de
Lektorat: Anna Schultes
Satz: Appel Grafik München GmbH
Druck: Grafisches Centrum Cuno GmbH & Co. KG, Gewerbering West 27,
39240 Calbe (Saale), info@cunodruck.de

ISBN 978-3-86316-060-9
6. Auflage 2026

Inhalt

1. Eine echte Sensation?

Der Kopierer rattert. Simon sortiert die bedruckten Blätter, Teris tackert sie zusammen.

„Hast du den schon gelesen?" Teris grinst. „Kommt ein Skelett zum Arzt. Sagt der Arzt: Sie sind aber spät dran. – Gut, was?"

Simon verdreht die Augen. So ein Uraltwitz!

„Oder der hier", fährt Teris fort. „Kommt ein Skelett zum Zahnarzt. Sagt der Arzt: Ihre Zähne sind gut, aber Ihr Zahnfleisch macht mir Sorgen. – Voll lustig, was?"

Simon wirft die Kopien auf den Tisch. „Nein, das ist voll öde. Mann, wir sind 'ne Schülerzeitung! Und wir haben es diesen Monat gerade mal geschafft, vier Seiten zusammenzustoppeln. Mit blöden Witzen!"

„Na und?" Teris tackert ungerührt weiter. „Alle mögen Witze. Hm, alle außer dir. Ein Interview und eine Reisereportage haben wir auch noch in der Zeitung."

Ja, Interview und Reisereportage, das klingt natürlich großartig. Aber das Interview unter der Rubrik „Unsere Lehrer" musste Simon diesmal mit Herrn Arendt führen. Und der hat kaum den Mund aufbekommen. Entsprechend langweilig liest sich das Interview.

Und die sogenannte Reisereportage ist von Teris. In den Ferien fährt er immer mit seinen Eltern nach Griechenland, weil dort seine Großeltern leben. Zuletzt hat er sie in den Osterferien besucht, die Reportage ist also nicht gerade brandaktuell. Und über Griechenland hat Teris eigentlich gar nichts geschrieben. Sondern bloß, dass er schwimmen war und Fußball gespielt hat. Wen interessiert denn das?

„Wir müssten mal eine echte Sensation bringen, eine Exklusivmeldung. Dann reißen uns alle die Zeitung aus den Händen." Simon schaut sehnsüchtig auf die Kopien. Wenn sie zumindest eine richtige Redaktion wären! Aber nur er und Teris, das ist einfach zu wenig.

Auf dem Flur trappelt es. Ein Mädchen kommt an der offenen Tür vorbei.

„Hey, Hanna!", ruft Simon. Hanna ist in der Garten-AG. Deswegen sollte sie einen Bericht über die letzte

Pflanzaktion schreiben. Die ist allerdings auch schon wieder Wochen her. „Wann hast du denn endlich den Artikel fertig?"

Hanna linst um die Ecke. „Was ist los?" Dann sieht sie Simon und Teris. „Ich hab gar keine Zeit." Schnell rennt sie weiter.

Simon seufzt. So macht das doch alles keinen Spaß.

„Fertig!" Triumphierend knallt Teris die letzte getackerte Zeitung auf den Tisch. „Fünfzig Exemplare. Die können wir morgen in der großen Pause verteilen", sagt er zufrieden. „Wollen wir jetzt zum Baumhaus? Bei mir ist eh noch niemand zu Hause. Und heute regnet es mal nicht." Er stürmt nach draußen. Simon schlurft hinter ihm her und kickt Steinchen.

Zum Baumhaus ist es nicht weit. Die beiden haben es selbst gebaut, am Rande des Wäldchens neben der Schule, wo die Obstwiesen beginnen. Es besteht zwar nur aus ein paar zusammengenagelten Brettern, aber es ist ihr Geheimhaus. Wenn man unter dem Baum steht, kann man es durch die Blätter kaum sehen.

Teris klettert nach oben. Simon hangelt sich hinterher. Eine Weile sitzen sie einfach bloß still da und schauen durch das grüne Blätterdach. Langsam verfliegt Simons Ärger.

9

„Guck, diese komischen Vögel sind wieder da", flüstert Teris auf einmal.

Von den Obstbäumen fliegen zwei braun-weiß gefiederte Vögel ins Wäldchen. Sie setzen sich in sicherer Entfernung auf einen Ast und beäugen die Jungen misstrauisch.

„Die sehen aus wie Eulen", meint Simon.

„Eulen sind aber nachtaktiv und schlafen tagsüber." Teris kneift die Augen zusammen. „Jetzt ist einer im Stamm verschwunden."

„Vielleicht nisten sie in einer Baumhöhle", überlegt Simon. Nach einer kurzen Pause sagt er: „Hör mal genau hin … Piepst da nicht irgendwas?"

Angestrengt lauschen sie. Nein, das ist kein Vogel – das sind Stimmen, die näher kommen. Simon und Teris gehen in Deckung und verstummen. Niemand soll ihr Geheimhaus entdecken.

5 Direkt unter ihnen sagt ein Mann: „Ich hab mit der Baufirma gesprochen, bald rücken die Bagger an. Und als Erstes werden die Bäume gefällt."

Simon umklammert das Brett, auf dem er sitzt. Baufirma, Bagger, Bäume fällen? Was soll das heißen?

10 „Ist denn mit der Baugenehmigung für das Einkaufszentrum jetzt alles wasserdicht, Claudius?", fährt der Mann fort.

„Die Baugenehmigung hab ich diese Woche erledigt. Mit beiden Unterschriften", antwortet ein zweiter Mann.

15 „Sehr gut, Claudius. Dann haben sich meine kleinen Spenden in den letzten Monaten ja gelohnt."

„Kann man so sagen. Und zwar für uns beide."

Zweistimmiges Gelächter ertönt und wird langsam leiser. Kurz darauf ist es still.

20 Simon schwirrt der Kopf. „Was bedeutet das?"

„Das Wäldchen soll abgeholzt werden für ein schickes neues Einkaufszentrum", murmelt Teris. „Und das bedeutet, es ist Schluss mit unserem Baumhaus."

Simon erstarrt. „Das gibt's doch nicht. Wieso weiß 25 niemand was davon?" Plötzlich kommt wieder Leben

in ihn. „Alle müssen es erfahren! Und das bedeutet, Teris …“

„Ja, wir haben unsere Exklusivmeldung! Nichts wie runter hier!“

2. Brandheiße Neuigkeiten ⎯⎯⎯⎯

Kaum klingelt es am nächsten Vormittag zur großen Pause, stürzen Simon und Teris aus dem Klassenraum der 4a. Mit ihrer Zeitung stellen sie sich an die Eingangstür vom Schulhaus.

5 „Kostenlose Schülerzeitung!", ruft Simon.

„Brandheiße Neuigkeiten!", schreit Teris.

Jeder, der auf den Pausenhof will, muss an ihnen vorbei und bekommt eine Zeitung in die Hand gedrückt.

„Ach, euer Witzblatt schon wieder", schnaubt Paul
10 aus ihrer Klasse und stopft die Zeitung in seine Jackentasche.

„Toll, danke", meint eine Lehrerin, faltet die Blätter zusammen und klemmt sie sich unter den Arm.

„Keine Zeit!", ruft Hanna und saust an ihnen vorbei.

15 Hat überhaupt jemand richtig hingeschaut? Dabei haben sie gestern den ganzen Nachmittag lang an ihrem Sensationsartikel gefeilt und alle Zeitungen noch einmal neu getackert. Die größte Mühe haben sie sich gegeben. Jetzt prangt die Schlagzeile in fetten Lettern auf
20 der ersten Seite:

Rettet unseren Wald!
Bäume werden für Einkaufszentrum abgeholzt

Vor Simon bleibt ein Mädchen stehen. In der Hand hat es einen Tischtennisschläger und auf dem Kopf eine Haarmähne mit bunten Strähnchen im Pony. „Hi, ich bin Jule. Krieg ich auch eine Zeitung?"

5 „Klar kannst du eine haben." Teris drängelt sich dazwischen und streckt Jule sein letztes Exemplar entgegen. „Ich hab dich noch nie gesehen. Gehst du hier in die Schule?"

Jule nickt. „In die 4b. Aber erst seit ein paar Tagen.
10 Wir sind umgezogen, damit mein Vater es nicht mehr so weit zur Arbeit hat." Dass Teris sie schmachtend anschaut, merkt Jule gar nicht. Sie liest die Schlagzeile. „Hey, was für ein Hammerartikel!", meint sie.

„Haben wir selbst geschrieben", sagt Simon stolz.

„Wir beide", betont Teris.

„Okay, man sieht sich." Jule rollt die Zeitung zusammen und hüpft weiter zu den Tischtennisplatten.

Teris starrt ihr hinterher. „Die ist ja cool!"

Simon zuckt mit den Achseln. „Ein Mädchen halt." Immerhin ist Jule die Erste, die ihren Artikel richtig gewürdigt hat. Ein Hammerartikel, genau das ist er!

Zu Hause drehen sich Simons Gedanken im Kreis. Was passiert nun? Lesen die anderen den Artikel? Zeigen sie ihn ihren Eltern? Beschweren die sich bei der Stadt und sagen, sie wollen lieber den Wald und kein Einkaufszentrum? Und dann? Wird die Baugenehmigung zurückgezogen? Geht das denn so einfach? Simon seufzt. Schön wär's. Aber wahrscheinlich passiert gar nichts.

Das Telefon klingelt. Als Simon abhebt, meldet sich eine Männerstimme. „Hier ist Jonathan Kant vom Kullheimer Morgenblatt. Spreche ich mit Simon von der Schülerzeitung?"

Simon fällt fast der Hörer aus der Hand. „J-J-Ja", stottert er.

„Prima. Ich hab euren Artikel über das neue Einkaufszentrum gelesen und würde gerne mehr über die Sache wissen. Hast du Zeit?"

„J-J-Ja."

„Dann schlage ich vor, wir treffen uns in einer halben Stunde im Eiscafé Venezia. Ist das okay für dich? Frag bitte noch deine Eltern, ja?"

Simon bringt ein weiteres „J-J-Ja" heraus, bevor ihm der Hörer wirklich aus der Hand fällt. Zwei Sekunden später hat er ihn aber schon wieder am Ohr und brüllt hinein: „Teris, weißt du, wer mich eben angerufen hat?"

„Jule?", rät Teris mit hoffnungsvoller Stimme.

„Nein, du Idiot. Viel besser!"

„Besser geht nicht", meint Teris.

Und ob es besser geht! „Ein Journalist vom Kullheimer Morgenblatt will sich mit mir treffen. In einer halben Stunde. Kommst du mit?"

Es wird still in der Leitung. Dann krächzt Teris: „Bin unterwegs!"

Kurz darauf steht Teris mit seinem Fahrrad vor der Tür. „Meinst du, der will unseren Artikel drucken? Oder über uns schreiben?"

Das hat Simon sich auch schon gefragt. Vor allem: Wie ist Jonathan Kant überhaupt an ihren Artikel gekommen? Aber das werden sie gleich aus erster Hand erfahren.

3. Treffen mit Informanten ────────

In Rekordgeschwindigkeit fahren sie zum Eiscafé und schließen dort ihre Räder am Fahrradständer ab. Es ist warm und die Gäste sitzen draußen an kleinen Tischen. Simon schaut sich suchend um. „Und wo ist er jetzt?"

5 „Da!" Teris strahlt.

„Wo?" Simon kann niemanden erkennen, der wie ein Journalist aussieht. Ein Journalist müsste ja eigentlich ein Notebook dabeihaben. Oder ein Diktiergerät, mit dem er alles aufnimmt, was ihm seine geheimen

10 Informanten zuflüstern. Zumindest ein stinknormales Notizbuch bräuchte er doch. Aber der einzige Mann weit und breit ist ein Vater mit seiner Tochter, die einen Eisbecher vertilgt. – Und die Tochter ist Jule. Deswegen strahlt Teris so.

15 Teris geht zu Jules Tisch. Simon folgt seinem Freund widerwillig.

„Hallo, Jule", sagt Teris.

„Hi." Jule grinst sie unter ihren bunten Ponysträhnchen hervor an. „Das ist mein Vater."

20 Simon nickt höflich. „Guten Tag." In Gedanken ist er aber ganz woanders: Wann kommt denn nun dieser Jonathan Kant? Oder hat sich etwa jemand einen Scherz mit ihm erlaubt?

„Schön, dass ihr da seid", sagt der Vater. „Setzt euch

25 doch zu uns."

17

„Na ja, eigentlich sind wir schon verabredet", meint Simon. Er tritt von einem Fuß auf den anderen.

„Ja, mit mir. Ist das dein Co-Autor?"

Simon blinzelt. „Was?"

5 „Habt ihr den Artikel zusammen geschrieben?"

„Sie haben ihn gelesen?", stößt Simon erstaunt hervor.

Jules Vater lacht auf. „Deshalb hab ich angerufen."

Jetzt kapiert Simon endlich, wer vor ihm sitzt: „Sie sind Jonathan Kant!"

10 „Genau."

Simon schaut die grinsende Jule an. Hätte sie das nicht gleich sagen können?

Nachdem sich die Jungen gesetzt und einen Eisbecher bestellt haben, zieht Herr Kant tatsächlich ein

kleines Notizbuch aus der Tasche und klappt es auf.
„Nun erzählt mal. Ihr habt geschrieben, der Wald soll
abgeholzt und dafür ein Einkaufszentrum gebaut werden. Das habt ihr euch nicht nur ausgedacht, oder?"

5 „Natürlich nicht." Simon ist empört. Ein Zeitungs-
redakteur erfindet doch keine Geschichten.

Simon fängt an zu erzählen. Herr Kant hört schwei-
gend zu. Ab und zu krakelt er ein paar unleserliche
Notizen in sein Büchlein. Simon erzählt weiter und

10 immer weiter und möchte am liebsten gar nicht mehr
aufhören. Wann hat man schließlich sonst die Gele-
genheit, mit einem echten Journalisten zu reden! Jedes
Detail, das ihm einfällt, führt er auf.

Als Simon nebenbei auch die komischen braun-wei-

15 ßen Vögel erwähnt, die sich womöglich bald ein neues
Zuhause suchen müssen, unterbricht Jules Vater ihn:
„Was sind das für Vögel?"

„Keine Ahnung. Die sehen aus wie Eulen. Aber Teris
meint, Eulen sind nachtaktiv", erwidert Simon.

20 „Habt ihr zufällig ein Bild von so einem Vogel?"

„Meine Eltern haben ein Bestimmungsbuch", sagt
Teris. „Da kann ich nachschauen. Wieso?"

Herr Kant winkt ab. „Ach, nur um sicherzugehen.
Wahrscheinlich ist es nicht wichtig … Und was pas-

25 sierte dann?", fragt er.

19

Als Simon bei den „kleinen Spenden" ankommt, unterbricht der Journalist ihn wieder: „Was hat der Mann genau gesagt?"

Simon denkt scharf nach. Wie war das noch mal?
5 „Na ja, er meinte so ungefähr ..."

„Nicht ungefähr", sagt Herr Kant streng. „Wörtlich."

Simon seufzt. Wörtlich weiß er es nicht mehr. Er schaut Teris an. Der zuckt aber auch nur mit den Achseln.

„Schreiben Sie jetzt, dass der Wald nicht abgeholzt
10 werden darf? Dass die Männer gegen das Gesetz verstoßen?", will Simon wissen.

Herr Kant legt seinen Stift hin. „Das kann ich nicht schreiben. Mir kommt das zwar auch alles ziemlich seltsam vor, bisher geht es jedoch um reine Vermutungen.
15 Ich brauche Fakten."

„Aber wir müssen das Wäldchen retten!", ruft Simon.

Jules Vater nickt. „Daran liegt mir genauso viel wie euch. Trotzdem ist es sehr wichtig, dass ein Zeitungsartikel Hand und Fuß hat und den Tatsachen ent-
20 spricht. Und das heißt, ich muss recherchieren und eure Hinweise überprüfen." Er zieht sein Portemonnaie aus der Tasche, um das Eis zu bezahlen. „Damit fange ich sofort an. Auf dem Weg zur Redaktion laufe ich beim Bauamt vorbei, da frage ich nach der Bau-
25 genehmigung."

„Dürfen wir mit?", rufen Simon, Teris und Jule gleich-
zeitig.

„Ihr könnt mich später in der Redaktion besuchen.
Aber nicht vor halb fünf. Bis dahin hab ich hoffentlich
die Informationen, die ich brauche, und der Artikel ist
fertig."

„Und wo ist die Redaktion?", fragt Teris.

„Ich zeig sie euch. Sagt mir, wo ihr wohnt, und ich
hol euch ab", verspricht Jule.

Die beiden Jungen fahren zu Teris nach Hause. Dort
versuchen sie, Hausaufgaben zu machen. Simon malt
Kringel in sein Heft und denkt über den Artikel nach.

21

Teris starrt Löcher in die Luft und seufzt ab und zu irgendwas, das verdächtig nach „Jule" klingt.

„Das Bestimmungsbuch", sagt Simon plötzlich.

Teris springt auf. „Stimmt, wir haben Jule verspro-
5 chen, die Vogelart rauszufinden."

„Wir haben es ihrem Vater versprochen", korrigiert Simon.

„Was?", entgegnet Teris.

„Egal. Wo ist denn nun das Buch?"

10 Obwohl die Jungen das ganze Wohnzimmer auf den Kopf stellen, finden sie es nicht. Und Teris' Eltern sind unterwegs.

„Mist", sagt Teris. „Haben deine Eltern vielleicht so was?"

15 Simon ruft zu Hause an und fragt seine Mutter, aber die hat kein Bestimmungsbuch. „Ihr könntet in die Bücherei gehen", schlägt sie vor.

„Gute Idee!" Simon will sofort los.

Teris hält ihn zurück. „Jule holt uns doch gleich ab.
20 Das Flattervieh ist wahrscheinlich komplett unwichtig."

Simon ist sich da nicht sicher. Recherchieren, Informa-
tionen zusammentragen und dann alles auswerten – so macht man das als Journalist. Das hat er gerade erst von Herrn Kant gelernt. Und der war irgendwie inte-
25 ressiert an dem Vogel.

Aber als es klingelt und Jule vor der Tür steht, vergisst auch Simon den Vogel. Denn jetzt geht's in die Redaktion. In eine echte Zeitungsredaktion!

4. In der Redaktion

Die Redaktion sieht aus wie ein großes Büro mit vielen Schreibtischen, auf denen Bildschirme stehen. Leute tippen, Telefone klingeln. An einem der Tische sitzt Jonathan Kant, umgeben von einem Berg Papier, und
5 hämmert in die Tasten.

„Hallo, Papa", sagt Jule.

„Hallo, Herr Kant", sagen Simon und Teris.

Jonathan Kant blickt auf. „Gute Nachrichten: Unser Artikel kommt auf die erste Seite! Die Planung der Re-
10 daktionskonferenz von heute Vormittag haben wir über

den Haufen geworfen." Er schaut wieder auf den Bildschirm. „Mir fehlt nur noch ein passender Schluss."

Simon ballt die Faust. Sie haben es geschafft! Diesen Artikel wird niemand mehr übersehen. Aufgeregt linst er Herrn Kant über die Schulter. Der tippt ein paar Wörter, löscht sie und schreibt dann neu:

Obwohl alles seine Ordnung zu haben scheint, bleibt die Frage, warum das Bauvorhaben bisher verschwiegen wurde. Fürchtet man die Reaktionen der Bevölkerung, der ihr Wald wichtiger ist als ein Einkaufszentrum?

Simon liest die Sätze zweimal. „Wieso hat alles seine Ordnung?", ruft er empört. „Es ist überhaupt nicht in Ordnung, dass die das Wäldchen abholzen wollen." Diesen Artikel hat er sich völlig anders vorgestellt!

Jules Vater seufzt. Unter einem Papierstapel zieht er ein Blatt hervor. „Das ist die Kopie der Baugenehmigung. Unterschrieben und von einer zweiten Person gegengezeichnet, genau wie es vorgeschrieben ist. Auch wenn es uns nicht passt, da ist alles in Ordnung."

Der Raum verschwimmt vor Simons Augen. Das darf doch nicht wahr sein! Die wollen ihr Wäldchen plattmachen und dann heißt es nur: Da ist alles in Ordnung.

„Kommt, Jungs, ich zeig euch mal was. Ich passe meinen Artikel jetzt ins Layout der Zeitung ein." Herr Kant will sie offensichtlich trösten. Oder einfach ablenken? Mit ein paar Klicks schiebt er seinen Text auf dem Bildschirm herum, bis er wie der Ausschnitt einer Zeitungsseite aussieht.

Normalerweise würde Simon das auch wahnsinnig interessieren. Gerade aber nicht. Immer wieder wandert sein Blick vom Bildschirm zu der Kopie der Baugenehmigung. Wer ist dafür verantwortlich? Welcher Idiot hat das genehmigt? „Claudius Weiler", liest er. „Rainer Schuldes." In seinem Kopf beginnt es zu rattern. Moment … Claudius, das war doch der Name des Mannes im Wäldchen! Ein ungewöhnlicher Name. So hießen vielleicht einmal römische Kaiser, aber heute …?

Teris ist Simons Blick gefolgt. „Rainer Schuldes", liest er verblüfft. In der nächsten Sekunde stürmt er ohne Vorwarnung davon.

„Hey, wo willst du denn hin?", ruft Simon. Er sieht Jule an, dann rennen sie Teris hinterher.

26

5. Planungen

Erst draußen auf der Straße holen sie Teris ein. Simon erwischt ihn am Ärmel. „Wo willst du hin?", wiederholt er keuchend.

Endlich bleibt Teris stehen. „Zu Rainer Schuldes. Den kenn ich! Das ist unser Nachbar." Plötzlich schlägt er sich gegen die Stirn. „Mist, das geht ja gar nicht. Der ist im Urlaub."

Jule zückt ein Notizbuch, das haargenau so aussieht wie das ihres Vaters. „Wie lange schon?", fragt sie. Ihre bunten Ponysträhnen wippen unternehmungslustig.

Teris zuckt mit den Achseln. „Keine Ahnung. Bestimmt seit zwei Wochen."

27

„Das kann nicht sein", widerspricht Simon. „Die Baugenehmigung ist vom 13. Juni, er hat also vor genau
vier Tagen unterschrieben."

„Ich weiß das aber, weil meine Mutter seinen Briefkasten leert und die Blumen gießt", versichert Teris.
„Und seit er nach Griechenland geflogen ist, jammert
sie ständig, dass sie jetzt auch gerne dort wäre."

Eine Baugenehmigung unterschreiben und gleich-
zeitig Urlaub machen? Das geht ja wohl nicht! Simon
wird ganz hibbelig. Vielleicht können sie genug Informationen zusammentragen, um Herrn Kant davon
zu überzeugen, dass hier etwas nicht stimmt? Dann
schreibt er sicher einen kritischeren Artikel.

Jule kritzelt in ihr Notizbuch. „Kannst du das noch
mal nachprüfen mit dem Urlaub? Damit das wirklich
wasserdicht ist."

Teris nickt. „Mach ich."

„Danach versuchen wir auf dem Bauamt etwas über
Claudius Weiler rauszukriegen", schlägt Simon vor.

„Und ich lege mich im Wäldchen auf die Lauer und
kümmere mich um den Vogel." Jule klappt ihr Notizbuch zu. „Okay, Uhrenvergleich. Es ist jetzt …"

„Fünf Uhr", sagt Simon.

„Bei mir ist es fünf nach fünf." Teris grinst und fügt
hinzu: „Aber meine Uhr geht immer vor."

„Drei Minuten nach", sagt Jule. „Wir sollten die- selbe Zeit haben, sonst ver- passen wir uns vielleicht."

5   Die beiden Jungen stel- len ihre Uhren auf drei Minuten nach fünf.

„Und wann treffen wir uns wieder?", fragt Simon.

10   „Hm …" Jule legt die Stirn in Falten. „Heute Abend um zehn startet der Druck der Zeitung. Dazu müssen die Druckplatten vorbereitet werden. Das geht aber erst, wenn die Zeitungsseiten mit allen Texten und

15   Bildern komplett fertig sind. Und mein Vater muss seinen Artikel ja möglicherweise noch umschreiben … Also ich würde sagen, spätestens um sieben Uhr sollten wir in der Redaktion sein."

Um sieben! Das sind gerade mal zwei Stunden!

20   Jule saust gleich los. „Bis später!"

Teris schaut ihr sehnsüchtig hinterher. „Soll ich Jule nicht mit dem Vogel helfen? Ich weiß doch viel besser, wie der aussieht."

Langsam wird Simon sauer. Haben sie nichts Wich-

25   tigeres zu tun, als ein Mädchen mit bunten Ponysträh-

nen anzuschmachten? „Mann, wir haben es eilig! Und Jule kann das auch allein. Jule ist cool, das hast du selbst gesagt."

„Na gut", sagt Teris seufzend. Dann reißt er sich end-
5 lich los und folgt Simon.

6. Recherchearbeit _____

Zuerst rufen sie Teris' Mutter an, die heute Spätschicht im Supermarkt hat, und fragen, seit wann sie beim Nachbarn die Blumen gießt. „Seit Anfang Juni", ist ihre Antwort. Dann seufzt sie, dass der deutsche Früh-
⁵ sommer bisher ziemlich verregnet war, und fragt, ob Teris sich zu Mittag das Moussaka von gestern aufge-wärmt hat. Und ob er schon seine Hausaufgaben ge-macht hat. So geht das eine ganze Weile.

Als Teris' Mutter endlich weiterarbeiten muss, wissen
¹⁰ sie jedenfalls mit Sicherheit, dass Rainer Schuldes die Baugenehmigung nicht unterschrieben haben kann. Weil er nämlich überhaupt nicht da ist.

„Und das bedeutet", kombiniert Simon, „die Unter-schrift muss ein anderer unter das Dokument gesetzt
¹⁵ haben. Die muss irgendjemand gefälscht haben!" Auf einmal erinnert er sich auch wieder, was dieser Clau-dius im Wäldchen zu dem anderen Mann gesagt hat: „Die Baugenehmigung hab ich diese Woche erledigt. Mit beiden Unterschriften." Diese Sätze ergeben doch
²⁰ jetzt einen ganz besonderen Sinn!

Simon schaut auf die Uhr und erschrickt. Halb sechs! Wenn sie noch etwas über Claudius Weiler rausfinden wollen, müssen sie sich beeilen.

Im Bauamt sitzt um diese Uhrzeit nur ein einsamer
²⁵ Pförtner und erklärt ihnen: „Da seid ihr leider um-

31

sonst gekommen. Wir haben schon geschlossen. Zu wem wolltet ihr denn?"

„Zu Herrn Weiler", antwortet Simon.

„Zu unserem Bauamtsleiter? Da hättet ihr heute sowieso kein Glück gehabt." Er beugt sich vor und lächelt verschwörerisch. „Umzugsurlaub."

Der Pförtner sieht aus, als würde er sich über ein Plauderstündchen freuen. Deswegen versucht Simon sein Glück und behauptet: „Ach, wie schön, hat es also geklappt mit dem neuen Haus."

Und der Pförtner springt darauf an: „Kennt ihr Herrn Weiler denn?"

Simon und Teris nicken einträchtig.

„Dann wisst ihr ja sicher, dass das kein Haus ist, sondern eine richtige Villa." Der Pförtner seufzt. „So eine Erbschaft würde ich auch gern mal machen. Meinen Job hier würde ich als Erstes kündigen."

„Können Sie uns die neue Adresse von Herrn Weiler geben?", fragt Simon forsch.

Der Pförtner runzelt die Stirn. Wahrscheinlich fällt ihm gerade auf, dass er eigentlich schon viel zu viel gesagt hat. „Nein, das geht nicht. Datenschutz. Aber ihr habt doch gesagt, ihr kennt ihn …"

„Klar, wir rufen ihn einfach an", unterbricht Teris den Mann hastig und zieht Simon mit sich nach draußen.

„Das war verdammt auffällig", meint er zu seinem Freund, als sie vor der Tür stehen. „Wir sollten ein bisschen vorsichtiger sein."

„Immerhin haben wir rausgekriegt, dass er angeblich eine dicke Erbschaft gemacht hat", sagt Simon. Und mit dem Anrufen hat Teris ihn auf eine Idee gebracht: Zumindest Weilers alte Adresse finden sie bestimmt im Internet.

Kurz nach sechs Uhr erreichen die Jungen Weilers alte Wohnung. Sie befindet sich in einem ganz normalen Wohnhaus mit vier Etagen. Der Name steht noch an der Klingel. Als sie auf den Knopf drücken, rührt sich aber nichts.

„Dann fragen wir die Nachbarn", sagt Simon entschlossen und klingelt woanders.

Im Erdgeschoss geht ein Fenster auf und eine Frau steckt ihren Kopf heraus. „Hört auf mit euren Klingelstreichen!", schimpft sie.

„Wir machen keine Klingelstreiche", widerspricht Teris. „Wir wollen zu Herrn Weiler."

„Wenn er nicht öffnet, wird er wohl nicht da sein, oder?"

„Er ist umgezogen. Aber wir wissen seine neue Adresse nicht", sagt Simon.

„Und wir möchten so gerne mal sein tolles Haus bewundern", fügt Teris hinzu.

„Ich auch!", ruft die Frau. „Ich möchte auch in der Mahlerstraße wohnen! Ich möchte auch einen Mann ⁵ haben, der viel Geld mit Aktien verdient! Meiner setzt

unser Geld an der Börse immer bloß in den Sand." Damit knallt die Frau das Fenster wieder zu.

„Puh, hat die ’ne schlechte Laune", schnauft Teris.

Simon grinst. „Jetzt wissen wir aber, dass Claudius ¹⁰ Weiler in die Mahlerstraße gezogen ist."

34

„Dann sollten wir da hinfahren." Teris wirft einen Blick auf seine Uhr. „Uns bleibt nämlich nicht mehr viel Zeit."

Sie schwingen sich auf ihre Fahrräder und rasen wie die Teufel zur Mahlerstraße.

„Hast du gehört, was die Frau gesagt hat?", ruft Simon Teris unterwegs zu.

„Ja, sie hat rumgemeckert, weil sie sich kein tolles neues Haus leisten kann."

„Und sie meinte, sie möchte auch einen Mann, der viel Geld mit Aktien verdient. Das heißt, Weiler muss behauptet haben, sein Geld stamme aus Gewinnen an der Börse."

„Vom Pförtner wissen wir, dass Weiler eine Erbschaft gemacht hat. Was denn nun?"

Gute Frage! Simon ist überzeugt, dass beides nicht stimmt.

Jetzt biegen sie in die Mahlerstraße ein. Ein Superhaus steht hier neben dem anderen. Richtige Villen mit riesigen Gärten. Von einem normalen Gehalt kann man so was sicher nicht bezahlen.

Langsam fahren sie an den Häusern entlang. Simon schaut auf die Uhr. Fünf nach halb sieben. Das wird verdammt knapp. Wenn sie nicht bald etwas herausfinden, müssen sie unverrichteter Dinge wieder abziehen.

35

Vor der größten Villa faltet eine Frau gerade einen Pappkarton zusammen, auf dem ein Firmenname steht. Darunter ein Werbespruch: *Wir ziehen alles um!* Am Bein der Frau hängt ein kleiner Junge und quengelt: „Will
5   meinen Bagger haben!"

„Der ist noch in einer Umzugskiste, Magnus", antwortet die Frau.

Magnus? Simon bremst so scharf, dass Teris ihm beinahe ins Hinterrad donnert. Ist das nicht auch ein römi-
10   scher Kaisername? Er schaut zur Haustür, wo ein großes Schild hängt: *Hier wohnen Titus, Magnus, Susanne und Claudius Weiler.* Volltreffer!

„Wow, was für 'ne Villa!", staunt Teris.

Der kleine Magnus linst hinter dem Bein seiner Mut-
15   ter hervor. „Unser Haus", quäkt er.

Ein zweiter Junge kommt aus der Villa. Er sieht aus wie Magnus, nur größer. Das ist bestimmt Titus.

Simon stößt einen übertrieben lauten Seufzer aus. „In so einem Haus möchte ich auch mal wohnen. Aber
20   mein Papa verdient leider nicht genug."

Der größere Junge setzt eine hochnäsige Miene auf. „Dann muss dein Papa eben Spenden sammeln", sagt er zu Simon. „Wie meiner."

Frau Weiler stopft hastig den Karton neben die Müll-
25   tonnen. „Na los, wir packen jetzt mal den Bagger aus."

Sie zerrt ihre beiden Söhne zur Haustür. „Titus, sag das nie wieder!", schimpft sie dabei.

„Aber es stimmt doch",
5 verteidigt sich Titus.

„Bagger haben!", schreit Magnus dazwischen.

Im nächsten Moment schlägt die Frau die Tür zu.

10 „Das gibt's ja nicht!",
zischt Teris.

„Jetzt ist alles klar", sagt Simon. „Weilers plötzlicher Reichtum stammt ga-

15 rantiert von diesen ‚kleinen Spenden', die der Mann aus dem Wäldchen an ihn gezahlt hat. Ich wette, die waren ganz und gar nicht klein. Und das nennt man …"

„Bestechung!", ruft Teris aufgeregt.

20 Simon wirft einen Blick auf die Uhr. Viertel vor sieben. Nichts wie los, um Herrn Kant von ihren neusten Rechercheergebnissen zu berichten! Dann bleibt ihm nämlich nichts anderes übrig: Er muss seinen Artikel umschreiben.

7. In letzter Minute ——————————

Punkt sieben Uhr sind sie zurück in der Redaktion. Geschafft! Nur von Jule ist nichts zu sehen. Aber die brauchen sie gar nicht. Sie haben genügend Informationen gesammelt.

5 „Hm, hm", macht Jonathan Kant, während er ihrem Bericht zuhört. „Hm, hm."

Soll das alles sein? Kein Jubelschrei? Kein: Jetzt haben wir die Bande? Nichts?

„Jetzt haben wir die Bande", versucht Simon es selbst.

10 Jules Vater antwortet nicht, sondern greift zum Telefon und führt ein kurzes Gespräch. Simon hält den Atem an. Er hat nicht ganz verstanden, mit wem der Journalist gerade gesprochen hat. War es die Polizei?

„Gut", sagt Herr Kant, nachdem er aufgelegt hat.
15 „Die Sache mit dem Urlaub hab ich mir vom Pförtner im Bauamt bestätigen lassen. Rainer Schuldes ist tatsächlich in Griechenland. Es hat also jemand anders seinen Namen unter die Baugenehmigung gesetzt, das heißt, die Unterschrift scheint gefälscht zu sein." Er
20 klickt in seinen Artikel, löscht einen Teil und beginnt zu schreiben.

Eine Frau mit klackernden Schuhen kommt an Jonathan Kants Schreibtisch. „Die Schlussredaktion fragt, wo dein Artikel bleibt."

25 „Jaja, gleich." Jules Vater tippt wie ein Wahnsinniger.

Die Frau schaut bedeutungsvoll auf die Uhr und klackert wieder davon.

Simon starrt auf den Bildschirm. „Schreiben Sie denn gar nichts über Claudius Weiler?"

5 Herr Kant schüttelt den Kopf. „Das kann ich nicht. Ihr habt drei verschiedene Aussagen, woher er sein Geld hat. Auf seinen Sohn können wir uns nicht verlassen. Wer weiß, was der Junge da aufgeschnappt hat. Ihr vermutet, dass Weiler bestochen worden ist. Aber

10 ihr wisst es nicht. Ihr habt keinerlei Beweise dafür."

„Der wohnt in einer Schickimickivilla!", ruft Simon. „Das ist doch wohl Beweis genug!"

Herr Kant schüttelt wieder den Kopf. „Das ist nur ein Beweis dafür, dass er Geld hat, sagt aber nichts dar-

15 über aus, woher er es hat."

Simon kann es nicht fassen.

Da stürmt endlich Jule herein, gefolgt von der Klackerfrau. „Jonathan, die Schlussredaktion …"

„Papa, ich hab den Vogel gefunden!", schreit Jule da-

20 zwischen. Ihre Haare stehen nach allen Seiten ab, als stünden sie unter Strom. „Ich hab mich im Wald auf die Lauer gelegt, dort gewartet und gewartet. Und irgendwann kam er. Ich hab ihn fotografiert. Hier …"
Jule zeigt ihrem Vater die Bilder auf dem Handy. Dann

25 streckt sie es stolz Simon und Teris entgegen.

Die beiden Jungen sehen sich fragend an.

„Der Vogel ist ein Steinkauz!", ruft Jule begeistert.

Simon und Teris verstehen immer noch nicht, warum Jule so aufgeregt ist.

5 Der Journalist legt die Stirn in Falten. „Bist du ganz sicher?"

Simon ist sich sicher. Und zwar, dass Jule falschliegt. Ein Kauz ist eine Eulenart – und Eulen sind nachtaktiv. Sie schlafen am Tag.

10 Allerdings kommt Simon nicht dazu, das zu sagen, denn Jule sprudelt schon weiter: „Normalerweise jagen Steinkäuze nur in der Dämmerung und nachts. Aber

40

wenn sie Junge aufziehen, fliegen sie auch tagsüber. Und sie haben Junge! Ich hab's gesehen. Das Paar hat ein Nest in einer Baumhöhle." Das Mädchen holt tief Luft. „Und das Beste ist: Steinkäuze gehören zu den bedrohten Tierarten."

Plötzlich kommt Leben in Jonathan Kant. Er reißt den Hörer vom Telefon und führt mehrere aufgeregte Gespräche, in denen ziemlich häufig das Wort „Naturschutz" fällt.

Endlose Minuten vergehen. Simon hüpft von einem Bein aufs andere. Dann taucht die Klackerfrau wieder auf und fuchtelt mit den Armen.

Endlich legt Herr Kant auf und sagt: „Ich hab eben mit dem Naturschutzbund und dem Förster gesprochen. Steinkäuze sind streng geschützt. Und der Förster hat mir bestätigt, dass die Steinkäuze im Wäldchen bei der Stadtverwaltung schon länger bekannt sind. Die Baugenehmigung hätte also nie erteilt werden dürfen. Zumal eine Unterschrift ja offensichtlich gefälscht ist."

Simon, Teris und Jule strahlen sich an.

„Jonathan ..." Das ist die Klackerfrau.

„Moment", sagt Herr Kant. „Ich muss den Artikel schnell überarbeiten. Richte der Schlussredaktion aus, dass sich das Warten lohnt. Das wird garantiert das Spitzenthema."

41

Die Klackerfrau sieht aus, als würde sie gleich in Ohn-
macht fallen. „Wir können unter keinen Umständen
kurz vor dem Andruck alles über den Haufen werfen!"
Jonathan Kant entgegnet: „Oh doch, wir können. Der
5   Artikel ist es wert, das versichere ich dir."

42

8. Die Schlagzeile ─────────────

Der Rest des Abends kommt Simon vor wie ein Traum. Nachdem die Klackerfrau kopfschüttelnd wieder verschwunden ist, greift Jonathan Kant noch mal zum Telefon. Er ruft bei den Eltern an, damit sie sich keine Sorgen machen, wo Simon und Teris bleiben. Die können jetzt nämlich nicht einfach nach Hause gehen. Die Jungen wollen unbedingt sehen, wie die Zeitung gedruckt wird. Zum Glück verstehen die Eltern das und sagen zu, sie später im Druckhaus abzuholen.

Danach schreibt der Redakteur seinen Artikel, und zwar „auf Blitz", wie Jule ihnen erklärt. So heißt das, wenn eigentlich gar keine Zeit mehr zum Schreiben ist, weil die Zeitung gleich gedruckt werden soll. Und tatsächlich wirbeln Herrn Kants Finger blitzartig über die Tastatur.

Irgendwann brüllt Jules Vater: „Fertig!"

Jetzt ist die Schlussredaktion an der Reihe. Und die Zeitung hat eine neue Schlagzeile:

Einkaufszentrum bedroht geschützte Steinkäuze

Gefälschte Unterschrift wirft Fragen auf

Außerdem gibt es ein tolles Bild, auf dem der Wald sehr idyllisch aussieht. Das hat jemand auf die Schnelle aus dem Archiv herausgesucht.

Um Punkt zehn Uhr setzt sich die riesige Maschine in der Druckerei im Gebäude nebenan in Gang. Mit großen Augen stehen Simon und Teris daneben. Das ist schon etwas anderes als ihr müder Drucker zu Hause, mit dem sie die Witzblätter ihrer Schülerzeitung ausdrucken, bevor sie sie in der Schule kopieren. Ein paar Minuten später halten sie die allererste Ausgabe des Kullheimer Morgenblatts in den Händen.

Simon schnuppert selig daran. Es riecht nach frischer Druckerschwärze. Und was er liest, macht ihn noch seliger:

Bisher scheint der Bau des Einkaufszentrums als Geheimsache behandelt worden zu sein. Erst der Artikel von zwei engagierten Jungredakteuren in ihrer Schülerzeitung brachte das Vorhaben ans Licht der Öffentlichkeit. Nachforschungen ergaben …

Dann kommt alles, was sie in den letzten Stunden herausgefunden haben.

Obwohl es schon sehr spät ist, als Simon an diesem Abend endlich im Bett liegt, dauert es lange, ehe er ein-

44

schlafen kann. Neben seinem Kopfkissen knistert die Zeitung mit der wunderbaren Schlagzeile. Und in seinen Träumen blinken Bildschirme, tanzen Buchstaben und dröhnen Druckmaschinen.

5 Als Simon aufwacht, ist es bereits Morgen. Draußen rauscht der Regen. Er ist todmüde, muss aber trotzdem zur Schule. Mühsam kriecht er aus dem Bett und schleppt sich in die Küche.

„Guten Morgen, du Held", begrüßt ihn seine Mutter 10 und stellt ihm einen Becher Kakao und ein Toastbrot mit Käse auf den Tisch. Daneben liegt die Zeitung.

„Wo kommt die denn her?", murmelt Simon. Eben lag sie doch noch neben seinem Kopfkissen.

„Aus unserem Briefkasten", antwortet Mama. „Und 15 da hat sie wie immer der Zeitungsbote reingesteckt."

Der arme Zeitungsbote. Der muss ja noch früher aufstehen als er. Und das bei diesem Mistwetter!

Ob die anderen aus der Schule auch das Kullheimer Morgenblatt bekommen? Ob sie die Schlagzeile gelesen 20 haben? Hastig schüttet Simon seinen Kakao hinunter. Auf einmal kann er gar nicht schnell genug das Haus verlassen.

Simon sprintet los. In der Schule sieht er schon von Weitem den Menschenauflauf vor dem Klassenzimmer.

Als er dort ist, schaut er in die aufgeregten Gesichter seiner Mitschüler. Alle reden wild durcheinander.

Hanna schiebt sich zwischen den anderen hindurch und ruft: „Darf ich bei euch mitmachen?" Sie wedelt mit einem Blatt Papier. „Ich hab den Artikel über die Pflanzaktion fast fertig."

Paul drängelt sich vor und schreit: „Ich will auch mitmachen! Ich will auch recherchieren!"

„Ich will auch ins Bauamt einbrechen!", fällt ein anderer Junge ein.

Sind die alle verrückt geworden? „Das könnt ihr vergessen", sagt Simon. „Wir sind Journalisten, keine Einbrecher. Wir arbeiten sauber."

46

Schlagartig wird es ruhiger. „Wie langweilig", meckert Paul. Ein paar Kinder wenden sich enttäuscht ab. Aber die meisten bleiben hartnäckig: „Dürfen wir trotzdem mitmachen?"

Simons Blick wandert von einem erwartungsvollen Gesicht zum nächsten. Langsam breitet sich ein tolles Kribbelgefühl in ihm aus. Das ist ihr Durchbruch! Noch nie wollten so viele bei der Schülerzeitung dabei sein. „Ich werde mal mit Teris darüber reden", sagt er.

„Und mit Jule", fügt Teris hinzu, der genau in diesem Moment eintrifft.

Simon widerspricht nicht.

Am Mittag nach dem Unterricht scheint wieder die Sonne. Zu dritt gehen Simon, Teris und Jule ins Wäldchen. Besonders Simon schwebt förmlich zu ihrem Baumhaus hinauf.

Jule hat spannende Neuigkeiten: „Ich hab eben kurz mit Papa telefoniert. Die Polizei hat sich bei ihm gemeldet. Es gibt Ermittlungen gegen Claudius Weiler und den Typ, der das Einkaufszentrum bauen will. Die finden bestimmt Beweise, dass er Weiler bestochen hat. Und die Baugenehmigung liegt erst mal auf Eis."

Simon schaut hinüber zu den Steinkäuzen, die heute wieder unermüdlich ihre Jungen versorgen. Eins streckt schon neugierig den Kopf aus der Baumhöhle. Es sieht ganz danach aus, dass die Sache auch für die Vögel gut ausgeht. Der Wald, das Zuhause der Steinkäuze, ihr Baumhaus, das alles wird erhalten bleiben – hoffentlich für immer! Und angefangen hat es mit ihrer Exklusivmeldung in der Schülerzeitung …

„Wir sollten schnell nachlegen", meint Simon. „Jetzt sind die anderen heiß auf unsere Zeitung. Also, was schreiben wir in der nächsten Ausgabe?"

Teris grinst und antwortet: „Was hältst du denn davon: Kommt ein Skelett zum Arzt …"